AF283955

ESTHER

ESTHER

JOSÉ LUIS ALLO

Prólogo
LORELEY EL JABER

Colección Generación del Vértice, 225

ESTHER

© Del texto e imagen de la portada
José Luis Allo Falces

© Del Prólogo
Loreley El Jaber

© Fotografías interiores
Esther Allo Gutiérrez

Supervisión
Evangelina Soltero Sánchez

© De la edición e impresión
CELYA EDITORIAL
Apdo. Postal 1.002 – Toledo (45080)
www.editorialcelya.com
Tfno.: 639 542 794

1ª edición: Abril, 2025

ISBN: 978-84-19933-23-2
D.L.: TO 67-2025

para mi hija Esther
por su tenaz tesón por lograr su sueño

y
nunca diga *no puedo más aquí me quedo*

UNA NUEVA MÚSICA

El título de este último libro de José Luis Allo Falces es el nombre de una mujer: *Esther*. Sabemos por la dedicatoria que se trata de su hija. Si bien somos muchos los escritores que dedicamos textos o poemarios a nuestros hijos, aquí hay una razón que se vuelve espíritu del libro. Dice el poeta: porque «nunca digas no puedo más, aquí me quedo».

Creo que Allo abre un recorrido posible de su libro desde ese comienzo y ese hilo es el de continuar aun cuando lo aprendido no alcance, aun cuando haya que volver a empezar una y otra vez. No me refiero, sin embargo, a un seguir obtuso el camino prefijado deshaciéndose de la desazón o el fracaso, sino a un continuar, a un caminar *junto* a toda esa penumbra. *Esther* comienza con este poema:

> desaprendí
> a contar las veces que fui testigo
> de la desnudez de los árboles

olvidé el control cuando el tiempo
dejó de ser el único valor contable
como la piel que nutre el anunciado crepúsculo

lozanos supervivientes
engendrando la ficción
apenas verosímil
de suplir los vacíos
ayer
y
mañana

desaprendí...

Como un arte poética, casi como un mantra,
el poeta propone desaprender lo aprendido, des-
asirse del control, incluso liberarse del tiempo
en su materialidad contable, como si sólo así se
lograra una verdad mayor, aquélla que surge de
la real convivencia con el vacío.

De este modo, el tiempo es clave, no sólo del
devenir humano, sino también —y ante todo— del
modo de mirar el mundo, del modo de mirarlo
otra vez, después de haberse descubierto la fan-
tasía de lo lleno.

despejas la mesa
con la dignidad de los sabios infrecuentes
confesando que jamás sospechaste de la fortuna
en el azar su culpa

Limpios los ojos de toda sospecha, despejada la mesa, camina el poeta, aunque sus pasos encuentren «su propio declive», aunque el silencio se imponga frente al rumbo ajeno de las nubes. Camina, incluso cuando en medio del baile le cambian el compás, incluso cuando se cierra el tiempo, ese paréntesis (¿esa tregua?) abierto por el cosmos. Camina el poeta en medio de una ciudad que, sabe, «también olvidará mi ausencia»; una ciudad plagada de sombras desconocidas, de las que él, que ha des-aprendido, logra desubicarse: «quién /seré yo entre ellos/ acaso te preguntes»; «soy la sombra que nunca ocupa su lugar».

La reflexión existencial aparece como interrogación fundante de este yo poético. Si soy una sombra ubicua, rebelde, aquella que no «ocupa su lugar», ¿dónde están «las quimeras de mi zozobra»?, ¿dónde el sueño de cubrir vacíos?

Y frente al final del tiempo, frente a la muerte, cargadora de olvido y anonimia, ¿cómo?, ¿dónde inscribir mi nombre?

José Luis Allo propone un nuevo camino sensorial que, centrado en un presente puntual, se halla abierto a la escucha de voces sin densidad alguna, voces ligeras, tiernas notas de un «himno a la alegría» que —también— hay que aprender a oír:

> Hoy
> cinco de febrero del ilustre año dos mil veintiuno
> el coro de gaviotas de Moaña
> integra una nueva voz

Es verdad que todavía queda agua estancada en los cántaros, que hay cuerpos desguazados componiendo disfraces; es verdad que atemoriza el silencio del después. El poeta propone moldear la arcilla nuevamente, vencer la resistencia de la masa, el itinerario conocido de los dedos. «Con manos de alfarero» nuevo, José Luis Allo se detiene en lo pequeño y, plagado de minúsculas, escribe «una ofrenda» para su hija, para él, para nosotros. Entonces nos dice que el coro de las gaviotas es la voz que hay que escuchar, que la risa de los niños que puebla el aire es la voz que hay que escuchar. Nos dice que, con esa nueva música en el alma, la luz del día se respira en su maravillosa verdad.

LORELEY EL JABER

Buenos Aires, abril 2023

ayer
una niña opositaba a ser libre
desde las notas que sus dedos y labios
hacían nacer de una flauta travesera
Esther
dueña de mi vida con absoluta plenitud
innumerables días de ensayo
ante un atril iluminado de complejas partituras
que jamás entendí
trascienden inundando
mis sentidos siempre en aprendizaje

y
llegó su primavera trastocándolo todo
ilusiones volando
en juventud de hallazgos plenos
obviando aquel instrumento excelso
en su fortín con años de silencio

hoy
otra voz
fruto del amor que cambia todo
cómplice ante el mismo atril
tejen
sueños la viola
Héctor
y
aquella flauta travesera

«Las Tiendas» La Garrovilla (Badajoz) por Esther Allo Gutiérrez

desaprendí
a contar las veces que fui testigo
de la desnudez de los árboles

olvidé el control cuando el tiempo
dejó de ser el único valor contable
como la piel que nutre el anunciado crepúsculo

lozanos supervivientes
engendrando la ficción
apenas verosímil
de suplir los vacíos
ayer
y
mañana

desaprendí...

posé
las alas en los linderos del azar
cuando
dubitativos pasos me gritaron al oeste

no alcancé a comprender por qué
quizá
quisieron encontrar su propio declive

olvidado entre sus equidistantes grados
esperé
observando las nubes seguir su rumbo ajenas a mis lamentos

y
callé el resto de la tarde

lo que pudo haber sido y no fue

ANTONIO MACHÍN

el cosmos
                    Carmina
abrió
un paréntesis
y
en él comenzamos a bailar
con nuestros pasos gozando su dulzura

la orquesta cambió el compás
y
se desparejaron

cerró el paréntesis
expulsándonos del clandestino guateque

la ciudad
también olvidará mi ausencia

la soledad de aquellas andanzas
ninguna plaza ha de requerir

soy la sombra que nunca ocupa su lugar

atiendo
mi debilidad
observando el bullicio callejero

anónimas figuras
pergeñando aventuras imaginarias

quién
seré yo entre ellos
acaso
te preguntes

las aceras solas
mientras sigo impostando
en la atalaya insegura del vacío
anidado bajo mi piel
y
la sangre desbocada

la noche
sólo la noche

con mi silencio calla
amancebando su sombra con la mía

la noche
sólo la noche

con mis latidos parpadea
acunando mi pasión

la noche
sólo la noche

nuestra soledad deja
en su sola soledad

la noche
sólo la noche

el devenir proclama
entronada en el púlpito que la presagia

la noche
la noche sólo

y...
tú
dónde dejaste el miedo
entretanto atravesabas la penumbra

en el altar
del sueño
                los sueños
desvanecen la osadía
                        de soñarse

es bello
existir
en tus pupilas grises

escueto
en tus mejillas

en tus labios
inmenso

silvestre
en tus cabellos

azul
en tu sonrisa

una sombra que pasa
un eco que llega
unos pasos que acechan

quiénes son
dónde están
las quimeras de mi zozobra

ser

bajo tu paraguas duende

cisne en tus zapatos

pavo real en tus ojos

amapola en tus latidos

en tus pensamientos

edelweis

entre cuerpos
inertes del crematorio
los suyos

Ana
Irene
Gertrud
Etty
Hélène

quedaron ignotos
                    solidarios
                    anónimos

a mi querido y admirado Santiago

hoy
cinco de febrero del ilustre año dos mil veintiuno
el coro de gaviotas de Moaña
integra una nueva voz

y
cuando jueguen
graznando sobre su Ría
compondrán el más lozano Himno a la Alegría
como solemne canto a su Galicia

y
serán los versos de Rosalía
la prosa de Concepción
las alas que icen
a
Santiago
hasta
su Santiago

tras
el silencio
seguirá el manantial llorando

y
sobre los libros
sumándose

las huellas
de quienes fuimos sus lectores

con el telón
cerrando su escenario
ningún personaje
renuncia al actor

la luz primera
                    indiscreta
se adentra en el silencio titilante
                              del
                                  claustro

bajo
      tus
          alas
ninguna prole ignora las certezas

es
tan leal
tu ignota indiferencia

luego
del ruido
y
la furia
sólo queda el plácido
remanso del sintagma

el mar ruge
entre abanicos de hervor

la voz
de los infantes
vía hacia las aulas
acomoda de los sueños su lugar

debuta el día

y
los dioses descendieron
sobre los hombres
y
se alzaron niños

la
chistera rebosa lozanía
el anciano arúspice
siempre extravagante
saca de su fondo insondable
el mismo conejo gris

todo en él resplandece de cándida belleza
sigue siendo un niño

nunca
la algarabía
infantil dejará vacío el parque

cuánta belleza
rezuma la risa de los párvulos

seres diminutos
arrastrando los arcaicos pecados
de inútiles payasos
            sin más razón que su anodina resistencia

bajo
el escarpado acantilado
mis labios ceban lisonjeros
las lágrimas destilan lamiendo su fachada
de escarcha recién preñada

ningún viento desestabiliza
su recia persistencia
sabe del final de su longeva desgana

en las batuecas
el silencio se respira por la sangre
penetra poro a poro hasta asentarse
en el centro mismo de su latido

árboles furtivos
en atalayas ocultando su diminuta vaguedad

mis ojos se tornan opacos
ante el espanto incorrupto bajo losas
que nunca serán talladas con el estupor de la sorpresa

en las batuecas
el silencio modela su piel con la pericia
del cincel de Miguel Ángel

bajo arcadas de cielos circunspectos
fluye la saliva de dioses maltratados
dejando ante tus ojos su divina finitud

en el abismo
del turgente tallo
se desmorona la belleza

regresamos
a decrépitos cines
y
nos saciarnos
en las últimas filas donde culminar nuestras
perennes apetencias

obscuridad avariciosa
sínodo
bajo faldas cómplices de tanto ocultamiento

los
lagartos
nunca se miran al espejo
en sus lágrimas
resalta la melancólica tristeza
del sol con toda su lujuria

sólo

                                 e

                            b

                       u

                  s

                     la marea

              cuando

tus huellas recobran su ser

         en el reflejo tenue

                   de

                       la

                         arena

descansa
en las tinajas
el agua enclaustrada de los cántaros

bajo
la arcilla que modula tu figura
fluye sin rencor
la savia que destila su pureza

las manos del alfarero
en la pecina
curten sus huellas
haciendo de tus ojos
veleros surcando la bahía

sobre
el lienzo

      como

            una

                ofrenda

la mano de Picasso
desnuda un arlequín

su juvenil iridiscencia contrasta
con el amargo rictus que pretende ser una sonrisa

lento
marchar
tras un mutismo prolongado

pareciera
que las silentes palabras
son el pesado talego
encorvando dubitativos pasos

en el desguace
de los cuerpos
las almas bullen a su antojo

duele

tu coraza
contra mi pecho

tu latido
contra mi carne

tu caricia
cuando te marchas

los eclécticos
siempre duermen sin pijama

entre sábanas divagan sobre lo cóncavo o convexo

la lujuria es un error de débiles

cuando tiendes
tus bragas al sol
en discreta azotea
te imagino posando ante su luna

la
existencia
teje su festín
en la cáscara indefensa
de la carne

imprecisa
se desvanece la fugacidad
en este tu pasar ante mis ojos desordenados

el mundo
como el más hábil de los tahúres
oculta su carta más valiosa

en dicha timba
tú
apuestas siempre al naipe principal
y
yerras la jugada

con la destreza que atesora
el crupier desconcierta todas tus bazas

cuando tientas la ruleta
y
sin bullir la bolita caprichosa
ella nunca deja de girar
sabes que la partida está perdida

despejas la mesa
    con la dignidad de los sabios infrecuentes
confesando que jamás sospechaste de la fortuna
    en el azar su culpa

será
el dolor quien mantenga la nostalgia
o
ese miedo infame a perderse en el olvido

sentados
desde siempre
en la estera de su cueva

temblorosas manos
entrelazadas sujetan una gastada cachava
lejos ya de aquellas
que blandían el mástil firme de la cuña
penetrando en las entrañas más singulares de la tierra

han visto pasar la vida
insensata como su deseo
veloz como las liebres que cruzan sus campos

y
con sus ojos se preguntan
qué será el día que uno falte
qué les impide marcharse

                            juntos
como si de repetir la luna de miel fuera

ella
la de belleza tan supina
también observa su defecación

la naturaleza aviva
el hábito de cumplir con su rigor
y
antes de tirar de la cadena
curiosea complaciente
los restos de bocados exquisitos

cumplido el afán
su cuerpo muda a la ingravidez
mientras la loza ahoga su banal función
                    [con el agua fragmentada

cuán
lejos van los hombres
cuando los despierta un sueño

de la
desordenada
argolla del frágil universo
pende
como si de un haz de sombra se tratara
la figura inasible del ser arrepentido

acicalan
mis manos tu ser
como quien busca en la nada
la recompensa perfecta

tu cuerpo
y
la nada

dos abismos
ignotos
donde acaece todo

qué
triste el hombre
sin todos sus disfraces

una
boca del ser en ciernes
succiona de tus pechos
la sabia que lo enhebra
al tejido inhóspito del mundo

sabré
decir
que todo fue un fracaso

los éxitos siguieron
sin más esquela que un triunfo
liviano
y
perecedero

después
quién dirá que fui la X en todas las quinielas

escribo
para no acallar
las razones de mis vísceras

sólo
los ángeles
descienden
                    a los cielos

no es azul
el paraíso de las mariposas
ellas irisan
esa lejana cercanía

soy
el dios desterrado
por aquellos que

          procuran

                 mi

                     naufragio

¿será
tu cuerpo
el fin del universo?

AGRADECIMIENTOS

A Loreley El Jaber, poeta argentina, por el regalo maravilloso de su amistad en forma de prólogo que completa este poemario sin él más huérfano.

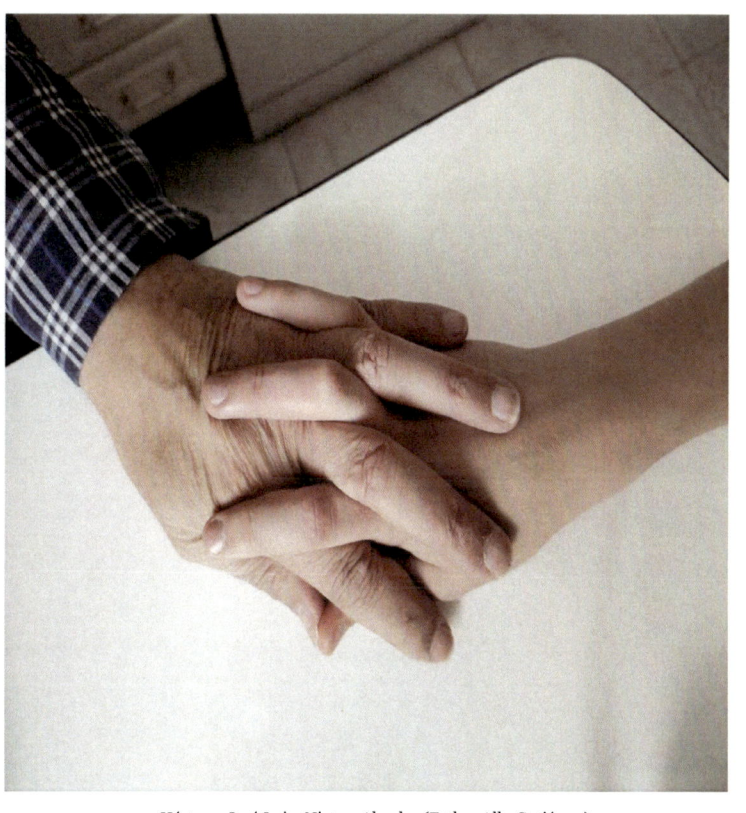

Héctor y José Luis -Nieto y Abuelo- (Esther Allo Gutiérrez)

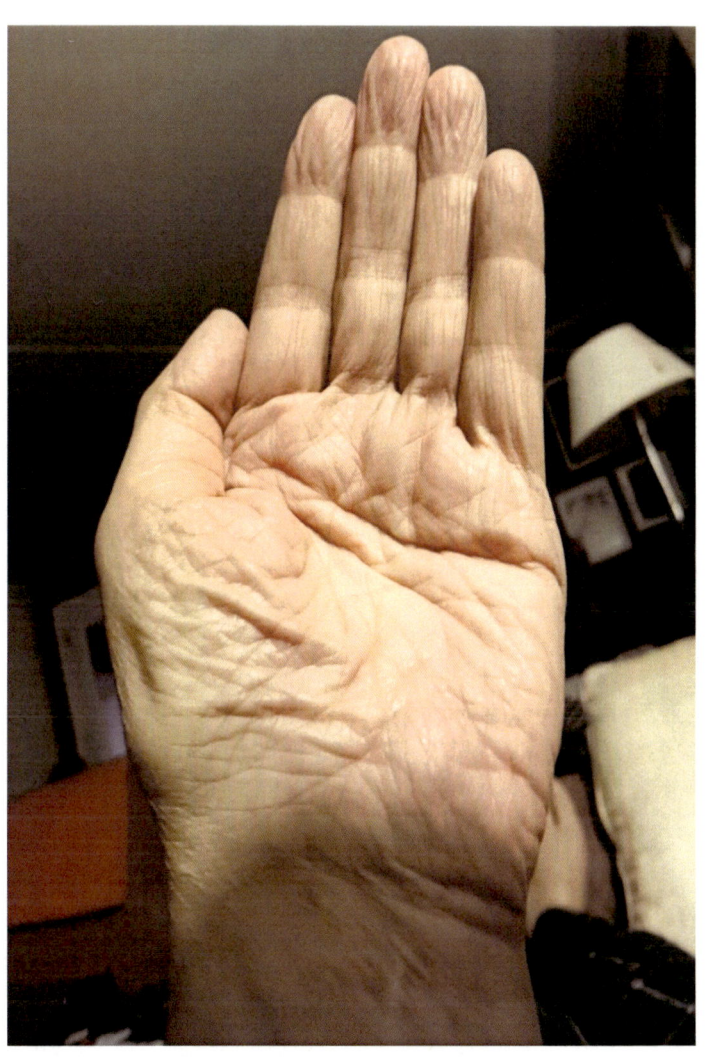

Mano de José Luis (José Luis Allo Falces)